CW01335722

CONNAISSANCE DE L'ORIENT

Le suicide et le chant
Poésie populaire des femmes pashtounes

par Sayd Bahodine Majrouh

TRADUIT DU PASHTOU,
ADAPTÉ ET PRÉSENTÉ
PAR ANDRÉ VELTER
ET L'AUTEUR

nrf

GALLIMARD

© *Éditions Gallimard, 1994.*

Sayd Bahodine Majrouh — né le 12 février 1928, assassiné le 11 février 1988 à Peshāwar, au Pakistan. Il a été docteur en philosophie de l'université de Montpellier, doyen de la faculté des lettres de Kaboul, gouverneur de la province de Kapiça. Après l'invasion soviétique de l'Afghanistan, il s'exile à Peshāwar où il fonde le Centre afghan d'information qui diffuse dans le monde entier reportages et analyses sur la résistance. Il est l'auteur d'une immense épopée, *Ego-Monstre*, qui constitue l'ensemble poétique majeur de la littérature afghane du XXe siècle. Héritier d'Omar Khayyâm, de Sanâ'î, de Rûmî, mais aussi de Montaigne et de Diderot, Sayd Bahodine Majrouh affirmait avec véhémence un profil d'humaniste irréductible. C'est ce profil que tente de transmettre André Velter dans sa postface intitulée « L'Éclaireur de Minuit ».

À son arrivée, tout était déjà joué. Le tumulte avait pris fin. La foule se désunissait lentement.
À l'écart, quelques dignitaires religieux arboraient des barbes lugubres. Leurs turbans et leurs tuniques noires les enveloppaient d'une aura plus funèbre encore que de coutume.
Le Voyageur parvint au centre de la place.
À demi ensevelis sous un monticule de pierres, gisaient une jeune femme et un jeune homme, couverts de boue et de sang.

SAYD BAHODINE MAJROUH,
Le rire des amants.

INTRODUCTION

Sans modèle à imiter, sans autorités poétiques à respecter, les auteurs de la littérature orale de langue pashtou créent loin des livres. Généralement dépourvus de viatiques scolaires ou universitaires, ils préservent leurs compositions des influences extérieures et donnent spontanément à leurs œuvres la force d'échos emblématiques où s'entend tout un peuple.

Pourtant, ces improvisations populaires ont su développer des formes d'une grande diversité, avec des règles spécifiques de versification. Inséparable du chant, une telle poésie n'est pas destinée à la déclamation. Ses rimes et ses rythmes ont, d'abord, valeur mélodique.

Du point de vue du contenu, elle se distingue nettement de la poésie *dari* (persane). Elle n'exalte pas l'amour mystique. Aucune aspiration vers un ciel inconnu, insondable, ineffable, ne s'y découvre. Elle ne s'adonne pas non plus à la louange du seigneur. Aucune représentation d'un maître absolu, disposant de la vie et de la mort de ses sujets, n'y apparaît. L'image de l'éphèbe, objet de passion homosexuelle, en est également bannie. Les jeux de mots, le raffinement des sentiments, la préciosité métaphorique — exercices rhétoriques que la littérature persane pousse parfois jusqu'aux limites de l'absurde — ne s'y expriment pas davantage.

En revanche, quelque chose de simple et d'essentiel s'affirme constamment ici : le chant d'un être terrestre, avec ses soucis, ses inquiétudes, ses joies et ses plaisirs ; chant qui célèbre la nature, les montagnes, les vallées, les forêts, les rivières, l'aube, le crépuscule et l'espace aimanté de la nuit ; chant qui se nourrit aussi de guerre et d'honneur, de honte et d'amour, de beauté et de mort.

Cependant, la grande originalité de cette poésie populaire, c'est la présence active de la femme. Si, comme partout, celle-ci est support d'inspiration des refrains masculins, elle s'impose surtout en tant que créatrice, en tant qu'auteur et sujet de nombreux chants. Ainsi, un genre exige-t-il toujours sa participation : le *landay*, qui signifie littéralement « le bref ». Il s'agit en effet d'un poème très court, de deux vers libres en neuf et treize syllabes, sans rimes obligatoires mais avec de solides scansions internes. Vocalisé différemment selon les régions, il ponctue souvent les discussions à la manière d'une citation, d'un dicton qui étaye un sentiment ou une idée.

Comme un cri du cœur, comme un éclair, comme une flamme, le *landay*, par sa brièveté et son rythme, capte l'attention. Ce poème anonyme entretient d'ailleurs une émulation quasi permanente. Chaque après-midi, quand les filles du village s'en vont puiser l'eau à la source, ou quand elles dansent et chantent pour une fête ou un mariage, de nouveaux *landays* s'improvisent, et les meilleurs s'ancrent d'emblée dans la mémoire collective.

Chacun, homme ou femme, peut donc manifester une émotion, un désir, une plainte, au moyen de ces deux vers chantés ; mais tant la forme grammaticale que l'inspiration aident à en distinguer les différents instigateurs. Les lettrés et les clercs usent de termes savants, d'allusions coraniques, d'expressions persanes, voire arabes : leurs compositions sentent l'artifice. À l'opposé, les chantres sans instruction littéraire et religieuse témoignent d'une vigueur accrue, de peu de préciosité, même si leurs mélodies n'atteignent que rarement la sobriété profonde et pure des *landays* féminins. Ceux-ci, en effet, jaillissent de la part jalousement inculte, ou à tout le moins en friche, de la communauté. S'ils sont simples, fragiles et beaux comme les fleurs sauvages des plaines et des montagnes alentour, c'est qu'ils naissent sans semailles ordonnées, sans protection, sans apprêt. Ils sont, au sens strict, hors champ ; hors du champ culturel exclusivement réservé aux hommes, et par là hors du champ social. Les sentiments et les idées qu'ils véhiculent ne laissent d'ailleurs aucun doute quant au sexe de leurs auteurs : jamais un mâle pashtoun ne pourrait évoquer certaines intrigues, fût-ce de manière parodique. Il lui est par exemple psychologiquement impossible de mettre en scène un amant à la virilité défiée ou à la dignité humiliée.

Ainsi, tous les *landays* présentés dans cette étude proviendront-ils du florilège féminin, l'authenticité de leurs sonorités se révélant incomparable. Car c'est un visage fascinant qui émerge de ces textes où la femme chante et parle d'elle-même, de l'homme et du monde qui l'entoure ; un visage fier, impitoyable et révolté.

Dans la communauté pashtoune, de structure fortement tribale et clanique, la condition féminine est particulièrement dure. Groupement de guerriers, dont seuls les adultes mâles appartenant à la tribu et à ses sous-clans sont membres de plein droit, cette société se trouve entièrement régie par les valeurs masculines, avec pour loi de base le code de l'honneur. Dans un tel environnement, virilisé à l'extrême, pieux et fanatique à sa façon, la femme subit une double oppression physique et morale.

Physiquement, elle supporte la charge des tâches domestiques les plus épuisantes. Si les hommes échangent des coups de feu de temps en temps et vont aux champs épisodiquement, la plus grande partie de leur vie se passe à la mosquée ou sur la place du village ; là où se discutent les affaires de la politique tribale. La femme, elle, travaille dès avant l'aube jusque tard dans la nuit, l'année durant. En plus de l'aide qu'elle apporte pendant les récoltes saisonnières, elle assume un labeur régulier, permanent, sans repos, sans congé. Au moins deux fois par jour, matin et soir, elle va, pour la corvée de l'eau, à la source ou à la rivière, parcourant parfois des distances considérables, transportant sur la tête ou sous le bras des récipients très lourds. Elle s'occupe des enfants, qui sont toujours nombreux, de la cuisine et du bétail ; elle moud le grain, prépare la farine, cuit le pain, file la laine, coud les vêtements, fait sécher l'engrais animal, irrigue les cultures... Or cette femme ne se plaint jamais de son travail d'esclave. Rares sont les *landays* où elle mentionne ses « doigts de velours » avec lesquels se ramassent les épis de blé, ou bien sa cruche trop lourde qui lui occasionne des douleurs dans le dos.

En fait, ce qui la fait le plus souffrir, c'est le côté moral de son asservissement. Elle se sent réprimée, bafouée, tenue pour un être de second rang. Dès le berceau, elle est accueillie avec tristesse et honte — une honte qui n'épargne d'ailleurs pas la mère qui engendre une fille. Le père qui apprend cette arrivée inopportune semble en deuil, tandis qu'à la naissance d'un garçon, il donne une fête, tire des salves de fusil. Puis la fillette devient monnaie d'échange entre les familles claniques sans jamais être consultée. Elle passe toute son existence dans un état d'infériorité, de subordination et d'humiliation. Même son mari ne daigne pas manger avec elle.

Face à cet état de choses, à ce carcan ancestral, quelle peut être sa réaction ? Apparemment, c'est la soumission complète. Elle accomplit son travail comme une horloge. Elle accepte et subit le système de valeurs qui fait d'elle un objet parmi d'autres. Pourtant, si l'on y regarde d'un peu plus près, il s'avère qu'au secret d'elle-même, la femme pashtoune s'indigne, conteste, entretient sa révolte. De cette protestation enfouie, jour après jour durcie, elle ne livre finalement que deux témoignages : son suicide et son chant.

Du suicide, on sait que le code d'honneur tribal le considère comme une lâcheté et que l'islam l'interdit. Jamais un homme pashtoun ne s'y résout. Aussi, en se supprimant de cette façon honnie, la femme proclame-t-elle tragiquement sa haine de la loi communautaire. Même le choix des moyens de mort souligne le sens iconoclaste du sacrifice : celui-ci ne s'accomplit que par empoisonnement ou noyade volontaire. Il n'y a ni balle tirée dans le cœur, ni pendaison, car les relais nécessaires — fusil ou corde — touchent de trop près les mains exécrées. C'est avec le fusil que l'homme chasse et guerroie, c'est avec la corde qu'il attache le bétail, lie les fagots et tire les lourdes charges...

Si, par son suicide, la femme pashtoune impose un acte socialement irrécupérable, elle développe par son chant un défi de nature identique qui peut, lui aussi et à sa manière, se révéler fatal. Car inlassablement ses mélodies exaltent trois thèmes au goût de sang : l'amour, l'honneur, la mort.

I

L'amour de la femme est tabou, frappé d'interdit par le code d'honneur de la vie pashtoune et par le sentiment religieux. Les jeunes gens n'ont pas le droit de se fréquenter, de s'aimer, de se choisir. L'amour est une faute grave, punie de mort. Les indisciplinés sont tués, froidement. Le massacre des amants, ou de l'un d'eux (qui est toujours et sans exception la femme), amorce le processus sans fin de la vendetta entre les clans.

Les jeunes filles sont l'objet d'échanges, et c'est la politique tribale des relations interclaniques qui décide de leur mariage. Les sentiments personnels des jeunes gens concernés n'entrent pas en ligne de compte. Voilà pourquoi, dans les *landays,* le chant perpétuel est un cri de séparation. Ou bien l'amant a quitté le pays pour gagner sa vie ailleurs, ou bien il demeure au village, mais les interdits sociaux ne lui permettent pas de rejoindre la femme aimée. Le père et les frères sont là, gardiens féroces et incorruptibles de l'ordre. Chez l'époux, la femme souffre encore plus gravement de deux sortes de mésalliance : son mari est souvent un enfant, ou un vieillard. Et c'est ce compagnon imposé qu'elle appelle le « petit affreux ». Il n'y a pas un seul *landay* qui témoigne d'un amour conjugal ou de sentiments de tendresse et de fidélité à l'égard de l'époux. L'amour et la fidélité sont réservés à l'amant.

La femme évoque ainsi ces deux mésalliances :

Le destin m'a donné pour époux un enfant que j'élève
Mais Dieu, quand il sera grand et fort ; moi, je serai vieille et faible[1].

*

Gens cruels, vous voyez qu'un vieillard m'entraîne vers sa couche
Et demandez pourquoi je pleure et m'arrache les cheveux !

---

1. Cette traduction, dans sa forme de *landay*, mais avec un sens incomplet, pourrait s'écrire :
J'élève un enfant, mon mari (9 syllabes).
Il grandit, mais mon Dieu, moi je vieillis et faiblis (13 syllabes).

Même la monotonie de l'existence ne l'aide pas à supporter dans l'indifférence une vie conjugale si mal engagée :

Ô mon Dieu ! tu m'envoies de nouveau la nuit sombre
Et de nouveau je tremble de la tête aux pieds, car je dois monter dans le lit que je hais.

*

Ô Seigneur ! de nouveau elle est là ta nuit longue et triste
Et de nouveau il est là, mon « petit affreux », et il dort...

Le « petit affreux » est d'ailleurs bien servi — écoutons :

Mon amour, saute dans mon lit et ne crains rien
S'il se casse, le « petit affreux » est là pour le réparer.

*

Quand tu viens chez nous, mon amant, le « petit affreux » se fâche.
Ne viens plus. Désormais je te tendrai ma bouche entre les battants de la porte.

Mais, en ce domaine de l'amour, cette femme contestataire exprime son sentiment de révolte d'une manière autrement plus éloquente. Dans un milieu social où ce qui nomme la passion et la sexualité passe pour strictement tabou, elle ne craint pas d'aborder ces thèmes sans détour, avec une brutale sincérité. Être de chair et de sang, elle est fière de glorifier son corps, l'amour charnel et le fruit défendu. Elle se comporte comme si elle voulait volontairement choquer, scandaliser les hommes, les provoquer dans leur virilité même. Et ce qui confère une force particulière à ce discours, c'est qu'aucun sentiment de tendresse ou de pitié ne s'y mêle.

Qu'une femme crie si haut son amour, impose socialement le scandale :

J'aime ! J'aime ! Je ne le cache pas. Je ne le nie pas.
Même si l'on m'arrache au couteau pour cela tous mes grains de beauté.

Hier soir j'étais près de mon amant, ô veillée d'amour qui ne reviendra plus!
Comme un grelot, avec tous mes bijoux, je tintais dans ses bras jusqu'au fond de la nuit.

*

Pose ta bouche sur la mienne
Mais laisse libre ma langue pour te parler d'amour.

*

Ma bouche est à toi, dévore-la, ne crains rien.
Elle n'est pas d'un sucre qui risque de se dissoudre.

*

Demain les affamés de mes amours seront satisfaits
Car je veux traverser le village à visage découvert et chevelure au vent.

Prends-moi d'abord dans tes bras et serre-moi,
Puis tourne mon visage et baise un à un tous mes grains de beauté.

*

Viens près de moi, mon amour,
Si la pudeur t'empêche de me frôler, moi, je t'attirerai dans mes bras !

*

N'y a-t-il pas un seul fou dans ce village ?
Mon pantalon couleur de feu brûle sur mes cuisses.

*

Mon amant veut que je l'embrasse dans le feuillage du mûrier,
Et moi, je grimpe de branche en branche pour lui donner ma bouche.

*

Déjà le coq maudit et son triste chant de départ,
Et mon amant s'en va comme un oiseau blessé.

Cependant, si la femme pashtoune invite l'homme à l'amour, jamais elle ne l'attire par sa tendresse ou par sa douceur. Elle le provoque dans son honneur et dans sa dignité, mais à ce jeu d'audace, c'est elle qui prend le plus de risques. Car l'homme peut se défendre, s'enfuir, se réfugier dans un pays lointain, tandis que la femme ne possède pas de tels recours. Découverte, elle n'a qu'à se laisser massacrer. Pourtant cette orgueilleuse ne consent aucune allusion à l'évident danger qui la guette. Elle se contente seulement d'encourager l'homme, le vaillant guerrier, à prendre quelques risques.

À tes côtés je suis belle, bouche tendue, bras ouverts,
Et toi, comme un lâche, tu te laisses bercer par le sommeil!

*

Si tu cherches la chaleur de mes bras, tu dois risquer ta vie,
Mais si tu tiens à ta tête, embrasse la poussière plutôt que l'amour.

Viens m'embrasser sans penser au danger. Si l'on te tue, quelle importance !
Les vrais hommes meurent toujours pour l'amour d'une belle.

*

Donne ta main mon amour et partons dans les champs
Pour nous aimer ou tomber ensemble sous les coups de couteaux.

II

De tels accents, qui sont au jeu de l'amour ce que l'appel au meurtre est à l'art de la guerre, nient ouvertement les valeurs admises de la société pashtoune. Ils inoculent troubles et malaises dans la conscience virile, sapent ses droits et sa superbe. Car la vie de la tribu se trouvant essentiellement réglementée par le code de l'honneur, les provocations contenues dans les *landays* fonctionnent comme de terribles pièges. Enjeu principal de ce code qu'elle ne peut changer, la femme va s'ingénier à en exacerber la logique. Ses chants, dans cette perspective, sont des échos originaux des rapports maître-esclave ou, poétiquement parlant, des cris de persécuté-persécuteur.

Quelle est en effet, au travers des *landays*, l'attitude de la femme vis-à-vis du code d'honneur de la société virile ? À leur écoute, on croit entendre un grand éclat de rire — un rire métallique, coupant, sonore, sans pitié ni tendresse. Ces hommes durs et sévères lui apparaissent comme des gamins, et elle semble presque dire à ces enfants barbus : « Puisque vous êtes si fiers de votre virilité et aimez tant à jouer au jeu de l'honneur, eh bien, moi, je vais entrer dans votre jeu et je vais vous pousser à assumer les conséquences extrêmes de vos propres principes. »

Les choses se passent comme si cette femme soumise, objet parmi d'autres, objet d'échanges sociaux et surtout objet central du code de l'honneur, devenait, par une ironie de la dialectique, un sujet, une volonté. Dans ce domaine régi par l'homme et pour l'homme, elle semble prendre les choses en main et inverser la situation. Au mâle qui la regardait comme sa propriété, comme sa chose, et croyait en disposer à sa guise, elle décide d'échapper à l'aide de ses seules mélodies.

Ainsi, quand éclate un conflit armé, l'homme est bien obligé de partir, il ne peut rester en arrière, car les filles du village se moqueraient de lui. S'il rentre d'une bataille, d'un long voyage ou d'une aventure quelconque, il pense immanquablement : « Que vont dire les femmes du village ? » S'il revient humilié — par exemple, battu à la guerre, sans avoir tué son rival, sans avoir gagné assez de richesses matérielles pour acquérir une terre, accroître son prestige ou réoccuper une position sociale perdue —, il lui sera impossible de vivre honorablement chez lui sous le regard implacable, éloquent et sarcastique d'une épouse silencieuse, apparemment obéissante mais glaciale. Finalement, l'inversion se réalise pleinement : c'est l'opinion de la femme, le regard de la femme qui décide de comment l'homme doit se comporter selon son propre code de l'honneur.

En outre, la femme pashtoune accepte les conséquences extrêmes de son attitude, même lorsqu'il s'agit de ses propres enfants. C'est elle qui envoie son fils à la guerre de vendetta, qui lui conseille de se comporter en héros, quitte à n'en pas revenir vivant — et s'il rentre blessé, il doit exhiber ses plaies en pleine poitrine et non dans le dos. Par ailleurs, quand elle apprend la mort de son fils au champ d'honneur, on a l'impression de se trouver en présence d'une personne dominant toute tendresse et libre de toute « faiblesse » maternelle. Sans doute peut-on affirmer qu'elle n'éprouve effectivement pas ce sentiment ordinaire que l'on appelle l' « amour maternel ». Elle paraît structurée différemment, ses émotions sont aussi profondément humaines que toute autre émotion que l'on qualifie d'humaine, mais son psychisme échappe aux normes habituelles. Cette femme n'aime pas d' « amour maternel » ce garçon qu'elle appelle son fils. Elle ne voit pas en lui le « fruit de ses entrailles » mais plutôt un homme qui appartient déjà à la communauté masculine, au camp opposé. Des raisons de trois ordres peuvent expliquer une réaction aussi exceptionnelle :

1. Du travail d'esclave qu'elle accomplit, la part la plus pénible et la plus lourde tient au nombre considérable d'enfants qu'elle nourrit et élève. Elle en voit plus de la moitié mourir à des âges différents. Sans parler du labeur déshumanisant, ce spectacle si souvent répété des enfants qui agonisent durcit son cœur. Et puis, dans cette vie saturée de violence, les sentiments de « tendresse » et d' « amour maternel » paraissent un luxe inaccessible.

2. Le fils, à peine adolescent, commence à battre sa propre mère. Ces éclats de brutalité et de cruauté sur la personne de la mère constituent une sorte d'initiation à la vie adulte, un gage de fermeté. Et le père assiste à ces scènes d'affirmation virile du fils avec une sorte de complaisante indifférence.

3. Enfin, les enfants sont généralement les produits d'un mariage forcé, les doubles multipliés d'un mari détesté qui toujours se comporte en maître absolu et tyrannique.

Voici maintenant, à propos des ruses détournées de l'honneur, quelques *landays* dans lesquels la femme prend l'homme au piège de ses propres valeurs :

Mon amour ! va d'abord venger le sang des martyrs
Avant de mériter le refuge de mes seins.

*

Puisses-tu périr au champ d'honneur, mon bien-aimé !
Afin que les filles chantent ta gloire chaque fois qu'elles s'en iront puiser l'eau à la source.

*

Ô mon amour ! si dans mes bras tu trembles tant,
Que feras-tu quand du choc des épées jailliront mille éclairs ?

*

Aujourd'hui pendant la bataille, mon amant a tourné le dos à l'ennemi.
Je me sens humiliée de l'avoir embrassé hier soir.

*

Reviens percé des balles d'un ténébreux fusil,
Je coudrai tes blessures et te donnerai ma bouche.

*

Mon bien-aimé ! si tu tournes le dos à l'ennemi, ne reviens plus !
Va chercher refuge dans un pays lointain.

*

Que l'on te retrouve mis en pièces par des épées tranchantes,
Mais que la nouvelle de ton déshonneur n'arrive jamais jusqu'à moi !

*

Je t'ai de mes propres mains envoyé à la mort,
Et suis montée sur le toit pour te voir braver les premiers coups de feu.

*

Mon amour, dépêche-toi et monte vite à l'assaut,
J'ai parié sur toi avec les filles du village.

III

Constamment au contact de la mort, la femme pashtoune conçoit cependant ce moment ultime d'une façon particulière. Notons d'abord que dans son vocabulaire on ne trouve pas trace du mot « âme », ni même d'un substitut qui s'en approche. L'expression arabe *rouh* et ce qu'elle implique comme entité spirituelle, indépendante du corps et supérieure à la matière, se découvre uniquement dans les *landays* composés par des lettrés ou des religieux. La femme emploie le vocable pashtou *sa* qui veut strictement dire « respiration ». Et « rendre le *sa* », c'est l'arrêt du souffle, l'expiration, la fin de toute respiration. Rien de plus. La femme paraît donc ne pas se soucier d'une âme séparée et séparable du corps. Elle chante exclusivement le destin du corps et privilégie un élément de cette réalité physique : le cœur. Il est le siège des émotions, de la joie et de la tristesse, d'espoirs passagers et de désespoirs profonds. Au point que le mot « cœur » s'utilise souvent comme pour se prendre soi-même à témoin. Par cet artifice, la chanteuse se dédouble et s'adresse à elle-même le discours poétique. Le cœur se voit aussi parfois personnifié. Il est alors comparé à un oiseau, à une ruine, à une fontaine de sang, à un four fermé qui dévore ses propres flammes.

C'est donc surtout avec son corps que la femme se sent à l'aise. Elle parle de sa croissance fragile, comme la fleur sauvage des hautes montagnes, de l'ivresse de ses yeux languissants, du nectar de ses lèvres, récompense des héros, de ses grains de beauté qui sont comme des étoiles au firmament d'un visage serein, de sa chevelure couleur de nuit, de ses seins altiers comme des grenades de Kandahar, de ses cuisses de velours...

Cependant, plus elle pense à ce corps et à sa force d'amour, plus elle devient sensible à la fuite des jours, au caractère éphémère de l'existence.

Vite mon amour, je veux t'offrir ma bouche!
La mort rôde dans le village et pourrait m'emporter.

*

Mon bien-aimé, viens t'asseoir un instant près de moi.
La vie est vite le crépuscule d'un soir d'hiver qui passe.

*

Mon amour, ouvre ma tombe et vois
La poussière qui couvre la belle ivresse de mes yeux.

*

Ô tombe ruinée, ô briques dispersées, mon bien-aimé n'est plus que poussière
Et le vent de la plaine l'emporte loin de moi.

Fille véritable de la terre, la femme pashtoune semble croire que la mort est un simple retour aux choses élémentaires : au vent, à la poussière, à l'herbe, à l'eau, au feu. L'au-delà ne la hante pas. Il n'y a pas un seul *landay* féminin pour exprimer l'espoir ou la crainte d'un autre monde. En revanche, ce qui gouverne son profond désespoir, c'est de ne pas avoir suffisamment vécu, de ne pas avoir assez éprouvé sa beauté, sa jeunesse et les joies de l'amour. Ce qui la fait souffrir, ce n'est nullement l'angoisse d'un sort inconnu ou le remords des fautes commises, mais le regret de s'éteindre avec en elle la faim jamais rassasiée des nourritures terrestres, avec en elle la soif jamais étanchée du seul bonheur humain.

Sans illusions quant à une vie future, certaine que tout amour ici-bas est inéluctablement voué à l'échec et à la mort, la femme pashtoune se hausse par ses chants au rang d'une héroïne de tragédie. Son destin s'inscrit dans un espace immense mais que la loi des hommes a tissé d'interdits. Aussi nourrit-elle son image de ce qui ne peut lui être refusé : la nature qui l'entoure. Elle est simple et sans complexité, comme le dessin des plaines nues. Elle est pure, limpide et impétueuse, comme les torrents des vallées rocheuses. Elle est belle, imposante et dure, comme la montagne aux reflets bleus de l'Hindoukouch.

QUARANTE LANDAYS

1

En secret je brûle, en secret je pleure,
Je suis la femme pashtoune qui ne peut dévoiler son amour.

2

Tu t'étais caché derrière la porte,
Moi je massais mes seins nus, et tu m'as entrevue.

3

Volontiers je te donnerai ma bouche,
Mais pourquoi remuer ma cruche ? Me voilà toute mouillée.

4

Ô printemps ! Les grenadiers sont en fleur.
De mon jardin, je garderai pour mon lointain amant les grenades de mes seins.

5

La nuit, la véranda est sombre et les lits trop nombreux.
Le tintement de mes bracelets, mon amour, te dira le chemin.

6

Prends-moi d'abord en tes bras, serre-moi,
Après seulement tu pourras te lier à mes cuisses de velours.

7

Embrasse-moi au vif éclat de lune,
Dans nos coutumes, c'est en pleine lumière que nous donnons notre bouche.

8

Viens et sois une fleur sur ma poitrine
Pour que je puisse chaque matin te rafraîchir d'un éclat de rire.

9

De moi tu as fait tout ce que tu voulais,
Sur mon visage tends un voile désormais : je veux dormir.

10

Attention, tiens bon, ne perds pas courage !
Comme un rameau fleuri incliné sur la tête, je suis là près de toi.

11

Que Dieu t'interdise tout plaisir en voyage
Puisque tu m'as laissée endormie, insatisfaite.

12

Ô mon amour par-delà les montagnes, contemple la lune
Et tu me verras qui attends, debout sur le toit.

13

La nuit passée tu dormais dans mes bras
Et ce soir loin de moi, comment trouveras-tu le repos ?

14

J'ai fait un lit de ma poitrine
Et mon amant fourbu suit un long chemin jusqu'à moi.

15

S'étend la blanche lumière de l'aube
Et, pauvre de moi, j'essaie toujours de réjouir l'amant boudeur.

16

Mon amant ne sait pas plaisanter.
De mes longues tresses doucement je l'ai frappé, et soudain il s'est fâché.

17

Mon amant veut tenir ma langue dans sa bouche,
Non pour le plaisir, mais afin d'établir ses droits constants sur moi.

18

N'as-tu pas honte, avec ta barbe blanche ?
Tu caresses mes cheveux, et je ris par-devers moi.

19

Jamais je ne prendrai un vieillard pour amant,
Qui perd la nuit en projets et se déclare vaillant quand le jour est levé.

20

L'un meurt du désir de me voir un instant,
L'autre me jette du lit disant qu'il a sommeil.

21

J'ai tressé mes cheveux, mais ils se sont défaits.
Mon amant voyageur doit connaître un danger. Que Dieu le protège !

22

Que peut-il faire d'autre que se conduire en héros ?
Puisque je mets sous sa tête l'oreiller de mes bras blancs.

23

La nuit passée j'ai fait un rêve :
Je me voyais en mon lit, moitié gisant, et moitié dans les bras de mon amant.

24

Viens vite, mon amour, que je te donne ma bouche !
Cette nuit je t'ai vu mort en songe, et suis devenue folle.

25

À l'instant tu serais tas de cendres
Si je jetais sur toi mon regard enivré.

26

Ivre parce que je t'ai souri,
Tu deviendrais fou furieux si je t'offrais ma bouche !

27

Ô coq, retarde un peu ton chant !
Je viens juste de rejoindre les bras de mon amant.

28

Écarte la sombre frange de mon front, embrasse mon grain de beauté,
C'est un fruit du paradis, un porte-bonheur pour la vie.

29

Apprends à manger ma bouche !
Pose d'abord tes lèvres, puis force doucement la ligne de mes dents.

30

La nuit passée j'ai fait un rêve qui s'est réalisé :
Mon amant craintif m'a prise dans ses bras, en plein jour.

31

Je t'ai cédé seulement le privilège de ma bouche,
Ne cherche pas en vain les nœuds de ma ceinture.

32

Passe doucement ta main dans le creux de mes manches,
Déjà les grenades de Kandahar ont fleuri, déjà elles ont mûri.

33

Mon pantalon couleur de feu glisse sur mes cuisses,
Mon cœur me dit que tu seras là ce soir, ou demain.

34

Dieu, que fais-tu de moi ?
Les autres sont fleurs écloses et tu me laisses en bouton.

35

Viens, mon aimé, viens vite près de moi !
Le « petit affreux » sommeille et tu peux m'embrasser.

36

Malheureux qui n'es pas venu hier soir!
Seule sur le toit, toute la nuit, je suis restée debout.

37

Étendue, je veux en moi le prendre,
Mais mon amant s'alarme. Il craint que le « petit affreux » n'en vienne à s'éveiller.

38

Près des fleurs mon amant se repose
Avec sur lui la rosée de mes plus doux baisers.

39

Rassemble du bois, fais un grand feu!
Car j'ai coutume de me donner en pleine lumière.

40

J'avais des bracelets, je ne les ai pas mis.
Désormais je rejoins mon amant sans parures, les bras nus.

IV

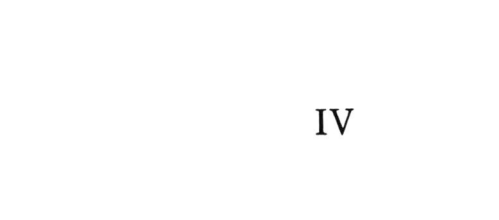

Ce qui précède — étude et choix de *landays* — restitue le visage de la femme pashtoune d'avant le mois d'avril 1978, d'avant les ruines, les meurtres et la terreur. Le coup d'État communiste, puis l'invasion soviétique ont ravagé le pays comme jamais au cours de son histoire. Emprisonnements, tortures, exécutions sommaires, destructions de villages, incendies de récoltes semblent avoir obéi à une stratégie de l'horreur qui ne tendait qu'à imposer une *pax sovietica* pareille à la paix des cimetières.

Un exemple entre mille : le massacre de Kirâla. Au début du printemps, un soir de mars 1979, un groupe de résistants attaque un poste gouvernemental près de Tchaghassaray, le centre administratif de la province du Kunar. Le lendemain, tous les hommes de Kirâla sont conduits sur la place du village. Le commandant de la garnison, un *khalqi*[1], ouvre alors le feu et ordonne à ses officiers de tirer sur la foule. Tous les hommes adultes, au nombre de mille sept cents, sont froidement assassinés. Seuls survivants : les enfants et les femmes. Maintenant, les veuves et les orphelins de Kirâla occupent un quartier spécial dans un camp de réfugiés, au Pakistan. C'est un lieu écrasé de silence, entre deuil et folie, où plus une femme ne chante.

Après l'invasion de l'Afghanistan par l'Armée rouge le 27 décembre 1979, la grande manifestation d'avril 1980 fut le fait des femmes. Les filles des écoles et des lycées de Kaboul, les étudiantes de l'enseignement supérieur, les institutrices, les employées et même des mères de famille descendirent dans les rues et se dirigèrent vers le palais du gouvernement. Les chars russes intervinrent et il y eut des dizaines de tuées et de blessées.

Nahid, l'une des organisatrices de la marche de protestation, interpella l'officier *parchami*[2] qui la visait avec son fusil :

« Hé petit lâche ! puisque tu es incapable de défendre ton honneur, tu n'es plus un homme.

---

1. Membre d'une des factions du parti communiste au pouvoir.
2. Membre d'une autre faction du parti communiste afghan.

Tiens, prends mon voile, mets-le sur ta tête et donne-moi ton arme. Nous, les femmes, saurons défendre ce pays mieux que toi. »

L'officier tira, Nahid tomba mortellement touchée. Depuis, elle est devenue le symbole de la résistance féminine, et de nombreux *landays* ont immortalisé son nom.

La belle Nahid se dresse et crie de sa voix claire :
Debout mes sœurs ! Pour se défendre, la patrie a besoin de nous.

Ainsi, au cours des dernières neuf années de guerre, l'Afghanistan a subi les plus cruelles dévastations, les plus sanglants massacres. Sur seize millions d'habitants, quatre se sont enfuis dans les États voisins. Il s'agit du plus grand nombre de réfugiés dans le monde, auxquels il convient d'ajouter quelque trois millions de déportés de l'intérieur : tous ceux qui ont été déplacés d'une province à l'autre ou qui sont venus s'entasser à Kaboul. Quant aux morts, ils se comptent par centaines de milliers.

Plus touchés que d'autres par ces mouvements forcés de populations (du fait de la situation frontalière de leurs terres), les Pashtouns sont massivement passés au Pakistan. Une majorité de ceux — hommes et femmes — qui gardaient vivante la tradition de la poésie orale, en particulier celle des *landays*, survit désormais dans des camps. Mais la création poétique ne s'est pas éteinte pour autant, les terribles conditions de l'exil lui ayant au contraire donné une impulsion désespérée, irrépressible.

Au sein de la résistance et parmi les réfugiés, le nombre de ceux qui s'adonnent à la poésie a nettement augmenté. S'ils savent lire et écrire, ils impriment des recueils de leurs poèmes ; sinon, ils les chantent, les enregistrent sur des cassettes et tentent de les diffuser.

Il en va de même pour les *landays* qui surgissent en abondance, provenant à la fois des lettrés et des illettrés. Seule la hiérarchie des thèmes a changé. L'amour, l'érotisme sont moins célébrés, tandis que dominent les élans religieux, l'appel à la guerre sainte, la nostalgie de la terre ancestrale, le sens de l'honneur, l'exaltation de l'héroïsme...

Les *landays* féminins du temps de l'exil ont suivi la même dérive, avec pour différence essentielle l'absence des leitmotive religieux, si obsédants et stéréotypés chez les hommes. L'inspiration a pareillement perdu de sa légèreté, de son ironie, de son audace sensuelle. Le nouveau *landay* féminin met plutôt l'accent sur l'éloignement vécu comme un arrachement, une blessure : éloignement de l'amant au combat, éloignement de la terre natale.

Ainsi, la femme exilée s'adresse-t-elle au vent :
Brise qui souffle du côté des montagnes où combat mon amant,
Quel message m'apportes-tu ?

Et le vent de répondre :

Le message de ton lointain amant est cette odeur de poudre à canon
Et cette poussière des ruines que je traîne avec moi.

Quels que soient les sujets développés dans les chants nouveaux, l'aile sombre de la guerre et la désespérance de l'exode hantent les mélodies. Lorsqu'il est directement question de l'exil ou du combat patriotique, cela relève de l'évidence ; mais même quand surgit la figure honnie du « petit affreux », le lien avec la nécessité de la lutte transparaît souvent. Seul l'amour-passion garde intacte la flamme ancienne : vive, rebelle, libre voire libertaire.

Regroupés autour de quatre thèmes majeurs, voici quelques-uns des *landays* qui s'improvisent aujourd'hui dans les camps. Ils sont les échos meurtris de la grande voix anonyme des femmes.

L'EXIL

Mon bien-aimé, mon soleil, lève-toi sur l'horizon, efface mes nuits d'exil.
Les ténèbres de la solitude me couvrent de toutes parts.

*

Vivre sur cette terre d'exil me ruine le cœur,
Dieu fasse que je revienne aux pieds de mes hautes montagnes !

*

C'est le printemps, ici les feuilles poussent aux branches,
Mais dans mon pays les arbres ont perdu leurs ramures sous la grêle des balles ennemies.

*

Dieu, tu peux me rendre aveugle désormais,
Mon amant parti, je ne désire plus voir d'autres visages.

*

Mes amis, lequel des deux choisir ?
Deuil et exil sont arrivés ensemble chez moi.

LE COMBAT

Mes sœurs, nouez vos voiles comme des ceintures,
Prenez des fusils et partez pour le champ de bataille.

*

Sur la terre natale, les gouttes du sang des martyrs
Sont les tulipes rouges du printemps de la liberté.

*

Si tu ne portes pas de blessure en pleine poitrine,
Je serai indifférente, quand bien même aurais-tu le dos troué comme une passoire.

*

Si tu m'aimes vraiment, mon amour, pars libérer notre terre !
À jamais t'appartiendra ma bouche exquise et tendre.

LE « PETIT AFFREUX »

Le « petit affreux », oublieux du combat, dort tranquille à côté de moi.
Seul a droit à ma couche celui qui s'apprête à mourir pour la patrie.

*

Le « petit affreux » ne fait rien : ni l'amour ni la guerre.
Le soir, sitôt le ventre plein, il monte dans le lit et ronfle jusqu'à l'aube.

*

Je saute dans la rivière, les flots ne m'emportent pas.
Le « petit affreux » a de la chance, toujours je suis rejetée sur le rivage.

*

Le « petit affreux » ne veut pas mourir de sa propre fièvre,
J'ai décidé, demain, de l'enterrer vivant.

*

Ouvre une brèche dans le mur, embrasse-moi sur la bouche,
Le « petit affreux » est maçon et saura le réparer.

L'AMOUR

Comment es-tu venu sous la pleine lune,
Toi, aussi haut qu'un platane, où vais-je te cacher ?

*

Viens, mon amour, que je t'enlace,
Je suis le lierre fragile que l'automne bientôt emportera.

*

Dieu fasse qu'il soit invité chez nous !
Je lui ferai goûter le bout de mes lèvres roses.

*

Si tu ne savais pas aimer,
Pourquoi as-tu éveillé mon cœur endormi ?

*

*Les autres filles nouent des amours nouvelles,
Moi je recouds les lambeaux d'un amour ancien.*

*

*Déjà minuit, tu n'es toujours pas là.
Mes couvertures sont en feu et me brûlent tout entière.*

*

*Mon amour, viens vite le contenter,
L'alezan de mon cœur a rompu toutes brides.*

Si demeure intacte la force des *landays,* il semble que cette faculté d'improvisation perdure au prix d'un sursaut toujours plus inhumain. Car dans l'exil, la femme pashtoune se retrouve privée de toutes ses tâches et prérogatives. Confinée à l'aire de sa tente, elle est de plus en plus voilée par la pression accrue des préjugés religieux. Elle n'a plus ses champs à cultiver, plus la permission d'aller visage découvert, plus la liberté de chanter et de danser au temps des mariages. Elle devient pareille à un poisson jeté hors de la rivière et qui expire, pareille à une plante arrachée qui sèche sous un soleil brûlant.

Quant aux hommes, ils ne perçoivent guère la douleur des femmes. Ils considèrent celles-ci comme des auxiliaires utiles qu'ils ont emmenés avec eux à l'égal des chamelles, des chèvres ou des chevaux qui composent leur patrimoine. Pourtant, sans qu'ils le sachent ni le sentent, les femmes ont cessé de leur appartenir. Elles ont laissé leurs cœurs au loin et leurs âmes errent encore dans les vallées d'Afghanistan. Par surcroît de souffrance, par mutilation redoublée, elles réussissent une nouvelle fois à tromper leurs compagnons, à les déposséder de leur bien, puisqu'elles ne sont plus que des êtres désertés.

À la fois dure et tendre, rusée et naïve, violente et douce, la femme pashtoune personnifie l'exilée absolue. Elle se tient à distance de son âme et survit comme coupée de son cœur. Elle reste indifférente — le combat patriotique excepté — aux gesticulations des hommes autant qu'aux jeux des enfants. Son seul désir : retourner encore une fois puiser l'eau à la source du village, au pied des hautes montagnes enneigées.

*Cette femme exilée n'en finit pas de mourir,
Tournez donc son visage vers la terre natale
pour qu'elle soit libérée de son dernier soupir.*

QUATRE-VINGT-TREIZE
LANDAYS D'EXIL

1

Grand Dieu des exilés !
Combien durera la vie sur ces plaines arides ?

2

Sur mon visage roulent des larmes,
Je ne peux oublier les montagnes de Kaboul aux cimes enneigées.

3

Mon aimé, je n'ai rien à t'offrir,
Sauf, au cœur de mon cœur, la demeure que je construis pour toi.

4

*Des montagnes maintenant nous séparent,
 Seuls les oiseaux seront nos messagers, avec leurs chants pour présages.*

5

*Je me suis faite belle dans mes habits usés,
 Comme un jardin fleuri dans un village en ruine.*

6

*Mon amant préfère les yeux couleur de ciel
 Et je ne sais où changer les miens couleur de nuit.*

7

*À minuit ton souvenir est le seul visiteur
 Qui me tourmente et m'empêche de dormir.*

8

*Ô printemps des désirs inassouvis,
Va quérir ceux qui gardent encore de l'ivresse dans leurs cœurs !*

9

*Ton amour, c'est de l'eau, c'est du feu,
Et des flammes me consument et des vagues m'engloutissent.*

10

*Si meurt mon amant, que je sois son linceul !
Ainsi nous épouserons la poussière ensemble.*

11

*Que peux-tu faire d'autre sinon te battre ?
Soumis, tu ne serais plus que l'esclave d'un esclave.*

12

Un martyr est comme l'éclair qui brille puis s'éteint.
Celui qui meurt chez lui ne fait qu'abîmer les lits.

13

Pour toi, de la poussière, mais plus jamais ma bouche :
Tu t'es caché quand les hommes sont partis au combat.

14

Si l'heure n'a pas sonné, la mort ne viendra pas.
Le monde serait-il en feu, mon amour, ne t'effraie pas.

15

Si j'avais su que viendrait le temps de l'éloignement,
J'aurais tenu la main de mon amant jusqu'au champ de bataille.

16

Va te battre à Kaboul, mon amour,
Pour toi je garderai intacts et mon corps et ma bouche.

17

Ô souvenir de mon aimé, c'est toi mon véritable amant !
Tu ne me quittes pas, tu m'adoucis le cœur.

18

Serre-moi fort dans tes bras,
J'ai hanté trop longtemps la prison des solitudes.

19

Endors-toi dans mes yeux,
L'insomnie de mes nuits m'a réduite en poussière.

20

Ô Terre ! ton tribut est si lourd,
Tu dévores la jeunesse et laisse les lits déserts.

21

Je deviens de plus en plus folle,
Quand je passe près du tombeau d'un saint, je lui jette des pierres, pour tous mes vœux inexaucés.

22

Mon amant est hindou et moi mahométane,
Par amour je balaie les marches du temple interdit.

23

Viens que je t'effleure, que je t'enlace,
Je suis la brise du soir qui va mourir avant l'aube.

24

Fais-toi disciple de mon père,
Lui t'apprendra l'étude, je t'apprendrai la vie.

25

Fais-toi mendiant et fou, et pars à ma rencontre,
Personne ne peut barrer la route aux religieux errants.

26

La nuit passée était nuit bien étrange,
Aux bras de mon amant, je tremblais comme une feuille.

27

Dieu, disperse ma jeunesse en fumée !
Des hommes, beaux et fiers, s'entre-tuent pour moi — je deviens meurtrière.

28

Mon amour, jure de venir à moi
Pour que je puisse, sur ton chemin, semer des fleurs.

29

Si tu dors, tu n'auras que poussière,
J'appartiens à ceux qui veillent toute la nuit sur moi.

30

Par les brigands tous ont été dépouillés.
Moi je fus mise au pillage sous la poitrine de mon amant.

31

Ô luth que je veux voir en pièces !
C'est moi qu'il aime et c'est toi qui gémis dans ses bras.

32

Mon amant est collier à mon cou.
Il se peut que j'aille nue, mais sans collier, jamais !

33

Mon cœur m'a dit : « Je n'y suis pour rien,
Ce sont les yeux qui regardant m'ont rendu amoureux. »

34

Pour m'enchaîner il se charge de chaînes,
Mais s'il m'aime vraiment les liens ne seront pas serrés.

35

Que ce rocher m'écrase de son poids,
Mais que jamais ne m'effleure la main d'un vieux mari.

36

Jeunes gens, défendez-moi, défendez votre honneur!
Mon père est un tyran qui me jette au lit d'un vieillard.

37

Va-t'en mon ami, et bon voyage!
Tu n'étais qu'un de mes amants, j'en retrouve cent.

38

Dieu, ne laisse pas mourir une femme en exil!
Avec son dernier souffle elle oublierait Ton Nom pour ne plus penser qu'à sa terre natale.

39

À minuit quand le monde repose
La peur s'éveille en moi : où donc est mon amant?

40

Tu as mangé ma bouche sans être rassasié,
Idiot, porte-moi sur ton dos, je suis prête à te suivre !

41

Pourquoi viens-tu si peu jusqu'à moi ?
Aurait-on enchaîné tes chevilles, aurait-on cloué tes pieds ?

42

À mon amant je veux tout sacrifier :
La rose de mon visage, le sablier de ma taille et mes lèvres pareilles aux rubis du Badarshan.

43

Quitte le service de ton seigneur et deviens mon féal,
Pour salaire tu auras les baisers de ma bouche.

44

Mon amant préfère les fleurs sages des jardins,
Mais moi, tulipe sauvage, je m'effeuille dans la plaine sans fin.

45

Mon amour, saisis-moi, enlace-moi!
L'éloignement est un fleuve qui m'emporte et me noie.

46

Viens comme un collier tout autour de mon cou,
Je te bercerai sur les coupoles de mes seins.

47

Dieu, sauve au moins celui-là!
Sinon les gens diront que mes amants se meurent tant je porte malheur.

48

Ô coq maudit, je voudrais t'égorger !
Si tu n'avais chanté, mon amant serait encore dans mes bras.

49

Tiens-moi fort contre toi,
Car se lève la tempête qui loin m'emportera.

50

Viens, mon amour, allons au lit ensemble,
Ma dignité de femme c'est d'être dans tes bras.

51

Viens, ô mon chagrin d'amour !
Même toi je t'invite au refuge de mon cœur.

52

Déjà le coq chante l'aube
Alors qu'il restait tant à dire, tant de désirs à épuiser.

53

Vois ce que ton amour a fait de moi :
J'étais une pomme, belle et rouge, me voilà jaune et sèche comme une vieille orange.

54

Dieu est-ce donc un péché ?
Tu as créé le jardin de ce monde et j'y ai pris la fleur qui vraiment me plaisait.

55

Mets tes lèvres sur ma bouche,
Comme un sarment de vigne qui se tord sur la

56

Vers toi de tout mon corps je plierai
Comme un sarment de vigne qui se tort sur la terre.

57

Sois heureux, mon amour, je me charge des peines.
Mon cœur sait le chagrin, il n'en crèvera pas.

58

Si tu baises ma bouche, tu dois donner ton cœur.
Ceux qui sortent de ma couche, en gage laissent leurs cœurs.

59

Si je te dévisage avec tant d'insistance,
C'est que je vois en toi le signe de mon prochain amant.

60

Mon amour, viens vite le dompter,
Le coursier de mon cœur a rompu tous ses freins.

61

*Si tu n'es fou d'amour pour moi
Tu ne goûteras pas la pulpe de mes lèvres.*

62

*Entre tes bras ne me brise pas,
Les bourgeons de mes seins frémissent d'une tendre douleur.*

63

*« Petit affreux », prends ton fusil et tue-moi.
Tant que la vie me restera, à mon amant ne renoncerai.*

64

*Hâte-toi, mon amour, si tu veux m'admirer,
Le « petit affreux » bat l'argile pour aveugler le mur.*

65

Dieu, donne au « petit affreux » un sommeil éternel !
Le moindre chat l'éveille et il m'épie sans cesse.

66

Dieu, emporte ce vieil époux
Qui monte la garde de mes nuits et s'endort tout le jour.

67

On me dit que les « petits affreux » ont fui la face de la terre.
Le mien pourtant est bien vivant et toujours me tourmente.

68

Voyez de l'époux l'affreuse tyrannie :
Il me bat et m'interdit de pleurer.

69

Fils, si tu désertes notre guerre,
Je maudirai jusqu'au lait de mes seins.

70

Les héros toujours sont vivants,
Seuls les traîtres périssent à jamais.

71

Dieu, brûle les maisons
  De qui a ruiné mon foyer et mis la mort chez moi !

72

À toi ma bouche, toute et entière,
Je ne la donnerai qu'au guerrier vainqueur !

73

Mon bel amant, on te tuera un jour,
Ne m'offre plus de fleurs au milieu du chemin.

74

Le cœur me manque quand je saisis ma cruche,
Mon amoureux est fou qui me suit en plein jour.

75

Ne me serre pas trop entre tes bras,
Le parfum de mon collier, demain, trahirait nos secrets.

76

Pour te voir j'invente des détours.
Comme une colporteuse je crie à toutes les portes.

77

Ô pour l'amour de Dieu, sommeil, ne t'en viens pas !
C'est la première nuit promise à mon amant et je veux être vive.

78

Sur moi je contenterai tous mes amants fougueux,
Je ne suis pas de celles qui briment les amoureux!

79

Je me suis humiliée aux yeux de mon amant,
La nuit à peine tombée, sans qu'il me le demande, j'ai regagné son lit.

80

Cueille des fleurs à poignée,
Je suis un jardin qui sait qu'il t'appartient.

81

J'ai refait mon grain de beauté et noirci mes paupières,
Si tu me vois désormais, à jamais sombrera ta raison.

82

Une fois, une seule, prends ma poitrine contre la tienne,
Et mon cœur amoureux te dira son histoire.

83

Mon amant sommeillait sur des brassées de fleurs,
Et moi, comme la rosée du matin, je suis venue sur lui.

84

Ou bien je te veux toujours sur ma poitrine,
Ou bien je te préfère dans les bras sombres de la terre.

85

Une fois encore passe sur mon chemin,
Déjà les marques de tes pas s'effacent dans la poussière.

86

Dieu, tu peux m'aveugler aujourd'hui !
Je ne veux plus voir de visages : mon amant est parti !

87

Dans la nuit noire qui nous sépare,
Une torche à la main, je cherche mon chemin.

88

Que le mollah jette son appel à la prière de l'aube,
Tant que voudra mon amant, je ne me lèverai pas !

89

Dieu, unis-moi à lui, ne serait-ce qu'un instant,
Comme un éclair passager aux bras sombres des nuages.

90

Je n'irai plus le soir puiser l'eau à la source,
Mon amoureux est un démon qui veut me posséder.

91

Les autres se parent d'habits neufs pour la fête,
Moi je garde la robe qui porte encore l'odeur de mon amant.

92

J'ai une fleur à la main qui se fane,
Ne sais à qui la tendre sur cette terre étrangère.

93

Des bracelets à mes mains, un collier à mon cou,
Je pars avec mon bien-aimé, nous rentrons au pays.

POSTFACE

L'Éclaireur de Minuit
PAR ANDRÉ VELTER

I

UN HIVER À KABOUL

Ce devait être mon dernier voyage en Afghanistan. Je l'ignorais. L'avion était en route pour l'escale de Tachkent. Les nuages voilaient les déserts de l'Ouzbékistan. La carlingue sautait dans de profonds trous d'air. À l'atterrissage, ce n'était pas Tachkent.

On aurait dit un aéroport de fin de ligne. Nids-de-poule sur la piste, vitres cassées, vagabonds assoupis sur des banquettes de bois. J'avais cru un instant que la frontière avait été franchie. Mais non, cela ne ressemblait ni à Mazar, ni à Kunduz, ni à Maïmana. Et quelques lettres en cyrillique au fronton du bâtiment principal confirmaient que nous n'avions pas encore échappé à l'emprise soviétique.

C'est alors que j'ai remarqué sa silhouette. Debout, dos au mur, il tendait son visage au soleil. Il s'appuyait de la main gauche sur une canne, ce qui accentuait la cambrure des reins et haussait le port de tête. Son front était large, ses cheveux assez longs, désordonnés. Il était seul, à l'écart, et, les yeux au loin, semblait sourire. Il avait fière allure.

C'est lui qui nous apprit où nous étions : Doutchombé, capitale du Tadjikistan. Et pourquoi nous y étions : tempête de sable sur Tachkent. Il n'avait attendu aucune question directe avant de glisser les réponses. Il parlait, excessivement vite, un excellent français. Là, il rentrait de Moscou après d'assommants colloques. À mourir d'ennui. Peut-être y avait-il de la neige à Kaboul ? Neige précoce de novembre. C'est tout juste s'il avait évoqué plusieurs séjours anciens à Montpellier, à Paris.

Des hommes du coin, portant pour la plupart le long manteau matelassé des cavaliers des steppes, se dirigeaient un à un vers lui, sans vraiment se cacher, prononçaient quelques mots, lui remettaient de petits papiers. Je pensais que tous profitaient de notre escale imprévue, donc incontrôlée, pour faire passer des messages. Peut-être à des cousins ouzbeks ou tadjiks d'Afghanistan, à des oncles d'Arabie ?

« Ils me confient seulement leurs adresses, dit notre compagnon inconnu. Ils veulent que je leur expédie des corans ! » Et il ajoutait gaiement :

« Soixante ans de révolution pour en arriver là. Ce n'est pas même le commencement de la fin, c'est comme si le commencement n'avait pas commencé : du surplace. Soixante années de bêtise et de meurtre pour retourner à la vieille tyrannie des certitudes immobiles ! »

Réinstallés dans l'avion, il était sorti de notre champ de vision. Avec Serge Sautreau, je partageais un étonnement tonique. Le personnage échappait quelque peu. De la noblesse, de l'ironie, de la fougue, de la séduction. Trop de naturel pour un ministre. Trop de franc-parler pour un ambassadeur. Trop de voracité verbale pour un ingénieur. Alors, un intellectuel sans doute, mais de quelle étoffe ? Un archéologue, un historien, un philosophe ? Sûrement pas un homme d'affaires, non plus qu'un commerçant. À l'évidence, l'Afghan au regard joyeux était un être hors normes. D'emblée, il nous avait intrigués, et bien plu.

Sur la passerelle d'arrivée, il était resté en arrière, descendant lentement les marches. Dans le hall de l'aérogare, une marée de valises jetées en vrac nous avait laissés à distance et contraints à un au revoir muet. J'avais hâte de retrouver la maison de Kaboul. La neige n'était pas encore tombée.

Un portrait à peine esquissé avait suffi à Emmanuel Delloye pour identifier notre inconnu et répliquer familièrement : « C'est Bahodine ! » Avant de faire suivre aussitôt ce nom d'une qualité première : « C'est un poète, un grand poète. Il est connu ici comme le loup blanc. » Emmanuel était stupéfait que je ne l'aie jamais croisé jusque-là. À la manière afghane, afin de prouver combien tout cela était incroyable, il se lança dans le détail d'une parentèle qui, en effet, m'était proche : « C'est l'oncle de Zalmaï et de Walid, le frère de Salahudin, donc le beau-frère de Shirin qui, elle aussi, écrit des poèmes... » Résultat : deux jours plus tard nous étions attablés dans l'un des appartements kaboulis du clan Majrouh, et Bahodine était là.

Entre-temps ses neveux, qui, depuis deux ans, nous accompagnaient, Marie-José Lamothe et moi dans l'exploration des bazars, avaient retracé la vie et la carrière plutôt chaotique du poète. Celui-ci s'appelait précisément Sayd Bahodine Majrouh, était né le 12 février 1928. Sa famille était originaire de la région de la Kunar, au nord de Djalālābād, à mi-chemin du Nouristan. Son grand-père, Sayd Hazrat Shah, était un homme respecté, vénéré même en tant que chef spirituel de la confrérie soufie de Qaderia. Son père, Sayd Shamsuddin Majrouh, écrivain de langues pashtou et persane, avait été ministre, vice-premier ministre et ambassadeur entre 1940 et 1973.

Mais l'enfant Bahodine n'avait pas eu droit aux palais de la capitale ni aux chancelleries. Il avait été élevé dans le castel de terre sèche de Chinkorak et avait été éduqué dans une école coranique traditionnelle. Il n'était venu à Kaboul que pour ses études secondaires au lycée Istiqlal, le lycée franco-afghan où il avait obtenu son baccalauréat de philosophie en 1950, avec la mention maximum. Ensuite, boursier du gouvernement afghan, il avait pris le chemin des universités européennes : Paris, Montpellier, Marbourg, Munich et Londres.

Zalmaï et Walid ne savaient pas exactement quelle licence, quel diplôme d'études supérieures, quel doctorat avait entrepris leur oncle, mais ils affirmaient que le parcours avait été complet et « très honorable ». De retour en Afghanistan, Sayd Bahodine Majrouh avait occupé, avec des fortunes diverses, les fonctions de professeur et doyen de la faculté des lettres de Kaboul, de gouverneur de la province de Kapiça, de président de la Société d'histoire, de chef du département philosophie-sciences sociales de l'université, responsabilité qu'il assumait toujours en cette fin d'année 1977.

Cela faisait beaucoup de titres officiels pour le convive, aussi franc-parleur que franc-buveur, qui se trouvait en face de nous. Majrouh ironisait d'ailleurs sur ses propres tribulations interdisciplinaires : « Avec un diplôme de psychologie et une thèse de philosophie, on m'a d'abord orienté du côté des lettres et de l'histoire. Et puis le roi a voulu me nommer gouverneur ! Vu de loin, on pense que c'est un poste important qui permet d'agir, de changer les choses. En fait, on réprime des délits mineurs, on arbitre des conflits minuscules. Au bout de six mois, j'en avais assez d'être tiré du lit en pleine nuit pour des affaires de voleurs de poules. J'ai démissionné. Sans rancune, le roi m'a expédié à Munich comme responsable du bureau culturel d'Afghanistan en Europe. J'y suis resté quatre ans. »

Mais finalement, l'événement le plus important fut, en 1972, l'accident de voiture qui lui avait broyé une jambe. Ne plus pouvoir courir, escalader, marcher longtemps, il n'y avait aucun titre, aucun honneur pour consoler de ça. Même s'il n'était pas interdit de boiter avec élégance. À quarante-quatre ans, il s'était donc réveillé sur un lit d'hôpital avec la quasi-certitude de n'en sortir qu'impotent.

Ce coup du sort allait être un coup de chance.

D'autant que mois après mois, les opérations se succédant, les os se raboutant, l'issue apparaissait moins sombre : sa jambe raccourcie le laisserait valide. En attendant, l'immobilité forcée lui imposait une vraie mise en quarantaine, soit quarante semaines au lieu de quarante jours. Finies les mondanités, les occupations vaines, finis les rites sociaux. De la solitude, de la souffrance physique, du temps pour accéder à soi.

Le professeur, le gouverneur, le fonctionnaire, toutes les identités factices s'effaçaient tout à coup. Bahodine cessait d'être un écrivain velléitaire, un essayiste épisodique, pour se réaliser pleinement comme poète et philosophe. Un accomplissement aussi accidentel ravivait d'ailleurs, en lointain écho, l'événement qui avait valu son nom à la famille. *Majrouh* signifiait en effet « blessé », et ce qualificatif avait été attaché en patronyme à un ancêtre victime d'une grave chute au saut d'un ravin, mais qui avait survécu aux contusions et aux fractures. Au-delà du paraphe, c'est sa voix même que Bahodine avait extraite d'une blessure, et son souffle, et sa lumière.

Après le dîner chez Salahudin et Shirin, la soirée s'était prolongée dans la maison de Shar-î-Nao. La conversation avait pris un tour politique. Tout le monde s'accordait à critiquer le prince-président Daoud, sans qu'il y ait pour autant convergence des critiques et encore moins ébauche de perspectives. À quelqu'un qui déplorait véhémentement la corruption généralisée, Bahodine avait répondu sur un ton mi-badin mi-sérieux : « C'est vrai, le pouvoir actuel est trop corrompu, mais je ne voudrais pas qu'on le remplace par un gouvernement trop vertueux. Avec les régimes autoritaires, et chez nous la démocratie n'est pas pour demain, il faut une dose raisonnable de combine. Ça permet de respirer un peu. Rien n'est pire que les soi-disant incorruptibles : ils vous étouffent avec leurs principes, quand ils ne vous coupent pas proprement la tête. Dans un pays sans liberté, il n'est pas indifférent de pouvoir acheter des miettes de liberté, même au marché noir. »

La neige se faisait attendre. Le froid était vif et sec, le ciel sans nuages, le soleil quasi affectueux, la lumière aimantée. Bahodine passait presque tous les soirs. Quand l'auditoire était assez restreint, il en devenait vite le centre. Il se tenait de biais sur le divan, sa canne maintenue contre sa jambe raide, et menait les palabres. Sa voix était toujours enjouée. Aucun sujet, même grave, même tragique, ne l'assombrissait.

Quand l'assemblée était plus nombreuse,

Bahodine semblait prendre plaisir à détailler en silence, un verre à la main, l'incroyable communauté que le hasard et l'hospitalité d'Isabelle et Emmanuel Delloye avaient réunie là. Sans doute était-ce le seul lieu, le seul no man's land à Kaboul d'absolue convivialité. Des membres de la famille royale côtoyaient des communistes de toutes obédiences, de riches marchands rêvaient auprès du misérable coiffeur qui leur transmettait une cigarette de haschisch, des lycéens discutaient âprement avec des professeurs d'université, des diplomates contaient des histoires d'ambassade à des archéologues fourbus. Il y avait aussi un authentique soufi, un père dominicain, des voyageurs encore dans le décalage horaire, des musiciens, parfois les quatre fils silencieux d'un grand chef kirghiz.

Bahodine était à l'aise dans cette société mêlée, sans rites ni contraintes. Il la savait éphémère, illusoire, n'ignorait pas qu'à cent mètres de là les participants, pour la plupart, refuseraient de se reconnaître. L'importateur de ventilateurs ne saluerait pas le coiffeur, le maoïste n'aurait que vindicte pour le neveu du roi, les femmes ne regarderaient que leurs pieds ou seraient anonymes sous le voile... Gouverneur de Kapiça, il avait jadis essayé de rompre cet étau social, cette sorte de ségrégation. Il avait surtout tenté de mettre fin à l'impunité des puissants en matière de justice. De ce combat, un épisode était resté célèbre.

Une famille de paysans s'était présentée au palais pour dénoncer les agissements d'un *arbâb*, un chef de village qui confisquait toute l'eau de la vallée à son profit. Ces loqueteux accusaient un personnage de poids, grand propriétaire et, pour ne rien arranger, cousin du ministre de l'Intérieur. Après avoir longuement écouté, Majrouh invita les plaignants chez lui, le temps de procéder à quelques vérifications. Il dépêcha un homme de confiance sur le terrain. Celui-ci revint huit jours plus tard, confirmant le bien-fondé des doléances. Majrouh convoqua le tyranneau, énuméra la liste de ses exactions, l'obligea à dédommager ses victimes, puis pour finir, devant les paysans médusés, le fit jeter dans la piscine de la résidence. « Je n'aurais jamais pu obtenir un procès, encore moins une condamnation, commentait Bahodine. Ne restait que l'affront public qui est pire que la prison. »

Un soir que nous étions en petit comité, Bahodine ouvrit l'un des dossiers qu'il portait souvent avec lui. Il y avait là des publications polycopiées et une masse de feuillets manuscrits :

ses œuvres complètes telles qu'elles se présentaient alors. Avant toute lecture, il évoqua la région de son enfance, du côté de la rivière Kunar, entre Djalālābād et le Nouristan. Il insistait sans cesse sur la violence de la vie, les dettes d'honneur, les vendettas et le calvaire des femmes. Pour la première fois, il prononça le mot *landay*. Il dit comment il avait recueilli dans les vallées pashtounes, accompagné de sa sœur, ces chants si brefs qu'ils ne comptent que deux vers de neuf et treize syllabes. Il en donna une suite en transcription française. Je n'avais jamais rien entendu d'aussi fulgurant : des plaintes qui étaient d'implacables défis, des sanglots qui crachaient du sang, des désirs fous et piégés, des destins inhumains déjà voués à la mort...

Puis Bahodine se mit à lire les poèmes et les fables du vaste cycle narratif qu'il était en train de constituer autour du Voyageur de Minuit, son héros emblématique. De temps en temps, Sher se glissait parmi nous pour remplir les théières. La tôle du poêle à bois rougeoyait. Dehors, il neigeait à gros flocons. Bahodine ne s'arrêtait plus. Il se livrait à un exercice inédit qui, visiblement, l'exaltait, alternant lecture en langue persane et improvisation immédiate d'une version française. Quand il referma son grand cahier, c'était presque l'aube.

Il y eut un silence rare, profond, ébloui, joyeux, magique, auquel personne ne voulait attenter. Alors Bahodine partit de son rire sonore, comme pour s'excuser.

Sans nous être concertés, Serge Sautreau et moi avions pris d'emblée la décision de tout faire pour que ce que nous venions d'entendre puisse être édité en France. Les jours suivants nous scellâmes avec Bahodine une sorte de pacte. Il s'engageait à nous fournir un mot-à-mot de tous ses textes : nous nous engagions, selon son expression, à les « passer à la raffinerie » avant de les publier. C'était encore le plein hiver à Kaboul en ce début de février 1978. Il n'y eut pas de tempête de sable au-dessus de Tachkent. Je pensais revenir avant l'été.

II

EXIL À PESHĀWAR

Deux mois plus tard, le coup d'État communiste, programmé depuis Moscou, allait insensiblement plonger l'Afghanistan dans un cauchemar sans fin. Bahodine, dont l'épopée se révélait à chaque instant plus prophétique, percevait les dangers immédiats, acceptait les premières tâches clandestines d'organisation de la résistance à l'intérieur de l'université, mais n'ajournait pas la patiente transcription qu'il nous avait promise. Régulièrement, la poste, relayée de plus en plus souvent par la valise diplomatique, apportait une liasse de feuillets manuscrits.

Il y avait cependant de longs mutismes, la correspondance interrompue pendant des mois et l'incertitude où nous étions du sort de notre ami. Les événements les plus tragiques pouvaient d'ailleurs avoir, à distance, des prolongements farces. Ainsi, confiant en juillet 1980 aux *Temps modernes,* pour un spécial « Afghanistan », un fragment de ce qui s'intitulait désormais *Ego-Monstre,* une élémentaire précaution avait-elle dicté à Serge Sautreau le choix d'un pseudonyme pour protéger Majrouh des tortionnaires du nouveau régime de Kaboul. On avait donc décidé d'attribuer au poète le nom d'un célèbre joueur de cerf-volant disparu depuis des lustres : Mosteri Baz Mahmat. En fait, le masque était bien inutile, Bahodine ayant réussi à fuir au Pakistan, dans des conditions très risquées, avec l'aide de la résistance. Quand la revue fut diffusée à Paris, il était à Peshāwar depuis plus d'un semestre !

Sitôt en exil, Majrouh créa le Centre afghan

d'information, indépendant de toute organisation politique, qui dès lors publia chaque mois un bulletin en anglais et chaque trimestre un dossier en français consacrés à la situation intérieure de son pays. Il poursuivit également son œuvre personnelle avec une vigueur accrue et multiplia les déplacements à l'étranger. Tous les automnes, tous les printemps, il débarquait à l'improviste à Paris, sa voix essoufflée et gaie au téléphone pour un dîner volé à un emploi du temps infernal. Année après année, il continuait ses transcriptions sans s'alarmer des retards de parution auxquels nous nous heurtions.

La revue *Nulle part* donna, dans son numéro de novembre 1983, une superbe version de *L'acheminement des humains vers le rendez-vous* qu'il avait réalisée avec Serge Sautreau, révélant ainsi Sanâ'î, le poète de Ghazna qui, au XIIe siècle, avait composé une manière de *Divine Comédie* persane. La même revue accueillit, un an plus tard, le premier choix de *landays* que nous avions traduits ensemble. L'accueil de ces chants anonymes et l'étonnement provoqué par leur inspiration abrupte furent suffisants pour qu'une édition séparée puisse être envisagée. À chaque escale de Bahodine, nous parlions de ce livre à venir et d'*Ego-Monstre* que Serge continuait à « passer à la raffinerie ». Au moment des adieux, il annonçait en riant qu'il n'y aurait peut-être pas de retrouvailles. La situation à Peshāwar était de plus en plus tendue, la mainmise des islamistes sur les réfugiés de plus en plus pesante, oppressante, menaçante. Il se disait l'une des cibles désignées.

En novembre 1987, Bahodine réapparut pour trois jours. Il était à la fois gravement préoccupé, sans illusions et insouciant. Il n'y avait que lui pour faire preuve de cette perspicacité désinvolte. Il me confia le détail de ses soupçons, mais sans insister, me poussant à prendre les choses à la légère. Son peu de mélancolie, il le réservait à Paris que l'automne baignait d'une lumière dorée. Il s'arrêtait soudain boulevard Saint-Germain, tenait la tête presque à la renverse, respirait à pleins poumons. Quand je retrouvais son regard, il était de nouveau vif et clair.

Je le reconduisis à son hôtel, près de la gare de Lyon. Dans la voiture, avant de descendre, il répéta la formule rituelle sur l'au revoir définitif. Je répondis en plaisantant que j'entendais ça depuis sept ans. Nous nous sommes embrassés. Un signe de main encore avant de pousser la porte. Il était débordant de vie. J'ai démarré en souriant.

Au soir du 11 février 1988, Mike Barry m'a annoncé le meurtre. J'ai prévenu Serge. Plus tard, j'ai écrit quelques lignes pour *Le Monde,* avec un titre : « Le poète assassiné ».

L'Afghanistan vient de perdre son plus grand poète. Pour donner la mesure du crime, il faut évoquer le destin de Federico Garcia Lorca, victime, comme Sayd Bahodine Majrouh, des mêmes forces obtuses. Hier, c'était un peloton d'exécution dans le petit jour de Grenade. Aujourd'hui, des tueurs programmés, à Peshāwar, au Pakistan.

Car, avant d'être philosophe, historien, professeur, résistant, avant d'être l'infatigable diffuseur d'informations concernant la guerre imposée par les Soviétiques à son pays, Sayd Bahodine Majrouh était l'auteur d'une œuvre immense, d'une épopée sans fin qui conte les errances d'un voyageur solitaire à la recherche de la « station suprême de la liberté ». *Regroupés sous le titre* Ego-Monstre, *ces cycles de récits témoignent d'une lucidité désespérément prophétique, qu'ils aient été écrits à Kaboul ou en exil.*

Dans sa marche vers le Soleil levant, le Voyageur de Minuit *ne cesse de se heurter à l'abîme qu'un monstre tyrannique s'est choisi pour tanière. Il veut alerter, réveiller, secouer, mais les portes des cités endormies restent closes... Expatrié, il hante les camps de réfugiés et ne peut taire sa colère devant le sort réservé aux femmes et aux amants : il devient un exilé de la terre d'exil.*

Excessivement sommaire, cette traversée de l'œuvre indique néanmoins quel esprit libre était Sayd Bahodine Majrouh. Son étude consacrée à la poésie populaire des femmes pashtounes prouve qu'il était bien un « homme des lumières » *obéissant au double héritage des soufis et des philosophes, un homme luttant certes pour l'indépendance de l'Afghanistan, mais aussi pour qu'un nouveau régime, à l'avenir, y respecte les libertés individuelles.*

*Son assassinat est le signe effrayant qu'une alliance des fanatismes s'est nouée, les communistes préférant céder la place aux extrémistes musulmans plutôt que de devoir s'effacer devant des êtres capables de réinventer une terre harmonieuse. Majrouh aurait pu poursuivre une brillante carrière d'universitaire et d'écrivain en Occident. Il avait décidé de demeurer, coûte que coûte, avec son peuple blessé. Il n'ignorait rien du péril où il inscrivait sa vie, lui qui avait noté dès les premières strophes d'*Ego-Monstre *:*

Toute une longue vie d'errance à travers océans et plaines, vallées et hautes cimes
J'ai parcouru, traversé et vu germer quelques vérités.
Avec la première un chemin va jusqu'aux rivages perdus de l'existence : il traverse inévitablement
L'enfer

III

LA SECONDE VIE
DE BAHODINE

Le 12 février au matin, les épreuves de « notre » livre étaient dans la boîte aux lettres. Il y avait dans ce minuscule retard un surcroît d'injustice. J'ajoutai une brève préface, un salut à l'ami : « In memoriam ».

C'est en ouvrant sa porte à des inconnus que Sayd Bahodine Majrouh fut assassiné. C'était une fin d'après-midi, presque le soir : l'heure des chiens et des loups. Le lendemain, il aurait eu soixante ans.

Il était seul et connaissait la menace. Jamais il n'avait laissé quelqu'un sur le seuil. Il se souvenait que chez lui, à Kaboul, à Djalālābād ou à Dar-î-Nûr, le devoir de l'hôte ne souffrait nulle hésitation. Il est mort, la poitrine déchiquetée, dans un geste d'accueil.

Il est mort d'avoir parlé librement. Il est mort surtout d'avoir tout écouté et d'avoir prêté sa voix aux sans-voix. Majrouh ne s'apparentait en rien à un intellectuel d'ancien régime. Plus prompt à entendre les récits et les chants d'un nomade, d'un berger, d'une paysanne, d'un fol de Dieu que les péroraisons d'un ministre ou d'un théologien, il appliquait son érudition sans œillères au questionnement de sa propre tradition.

Ce livre consacré à la poésie populaire des femmes pashtounes donne précisément la mesure de son indépendance d'esprit et de son audace. Démonter comme il le faisait les rouages puérils du code de l'honneur masculin, c'était jeter un défi à l'arrogance hypocrite, à l'oppression enfouie, à la bêtise coutumière, c'était célébrer les droits de la passion amoureuse, du scandale et du plaisir.

Héritier d'Omar Khayyâm, de Sanâ'î, de Rûmî, mais aussi de Montaigne et de Diderot,

Majrouh affirmait avec véhémence son profil d'humaniste irréductible. Ayant choisi le camp de la résistance afghane, il n'entendait aucunement rallier le clan des bigots fanatiques, ni abandonner sa mission d'éclaireur critique.

En fait, sa personnalité singulière, sa culture, son abnégation, sa fougue fraternelle devaient bientôt le désigner comme la conscience morale de la résistance, alors qu'il en était tout autant, et explicitement, la mauvaise conscience. Sans doute voyait-il trop loin et trop profond. Sans doute avait-il l'insolence trop joyeuse de ceux qui savent à la fois penser, agir et transmuer les ténèbres.

Poète, Sayd Bahodine Majrouh a mené un combat exemplaire. Il a tenu un engagement quotidien, humble et sans faiblesse. Affronté à l'horreur et à la barbarie, il n'est pas devenu à son tour, et en retour, un barbare. Il n'a pas transigé.

Bahodine, tu aimais les saisons où le vent se lève, où le ciel se peuple de sortilèges et de sable. Tu fomentais l'entrée en migration de l'espace, pour que les pesanteurs s'effacent et que renaissent les cœurs libres. Bahodine, tu étais de ceux que blesse l'épouvante des enfants mais que jamais n'alarme le néant, l'absolu,

Dieu ou l'ultime lumière. Je te souhaite, de l'autre côté de l'énigme, une aube hospitalière.

Le suicide et le chant, dans la collection « Comme » dirigée par Bernard Noël aux *Cahiers des Brisants,* parut en mars 1988. Dans les années qui suivirent, les éditions Phébus donnèrent l'intégrale d'*Ego-Monstre,* en deux volumes. Le premier — *Le Voyageur de Minuit* — sortit précisément des presses tandis que du côté de l'Hindou Koush les envahisseurs étaient en train de plier bagage. L'article qui fit alors l'ouverture du *Monde des livres* célébrait « Majrouh, le guetteur d'Afghanistan ».

On mesure aujourd'hui, dans les soubresauts de la débâcle soviétique, combien manque à son pays ruiné une personnalité de cette stature et de ce tranquille courage, combien manque un homme sans fringale de pouvoir, sans fanatisme, sans bigoterie. On mesure aussi, tandis que paraît son grand œuvre et tandis que Kaboul est à prendre, combien le destin s'est montré cruel : la mort lui a volé et son livre et sa ville.

Pourtant la présence de Majrouh, la singularité de sa voix, son rôle de guetteur et de *messager, voilà qu'ils s'affirment au grand jour, et pour longtemps. L'édition en France des trois premiers cycles d'*Ego-Monstre *constitue, ici mais également pour la mémoire afghane, un événement décisif. D'autant que par un concours de circonstances qui tient du miracle ce livre présente une version quasi complète de l'œuvre, alors même que l'original se trouve, quant à lui, mutilé. En effet, pendant sa fuite au Pakistan en 1980, Majrouh perdit la moitié de son manuscrit. La chance voulut qu'il en ait adressé peu de temps auparavant le mot-à-mot français à Serge Sautreau.*

Celui-ci a donc achevé seul cette transcription alchimique et donné, en poète, une version superbe, à la fois éclatante et sobre, âpre et lyrique. Grâce à lui, Le Voyageur de Minuit *entre dans ce qui est la « légende vraie » de notre temps. Car, si le héros de Majrouh « marche infatigablement de déserts en montagnes, de cité en cité, pour conjurer la catastrophe, exhorter à la vigilance face au Monstre, face à la Tyrannie », n'oublions pas que ces pages furent écrites avant l'invasion de l'Afghanistan et qu'elles témoignent, en plus de leur évidente charge prophétique, d'un pouvoir d'universelle prémonition. Il s'agit donc d'une exhortation visionnaire, d'une épopée qui allie l'émerveillement et la révolte, le chant et l'exploration critique des abîmes. Où avions-nous lu déchiffrement plus juste de cette figure oppressive qui, de Roumanie au Chili, de Libye au Zaïre, impose son abjection ?*

« Tu sais, ô Voyageur, ce qu'il advint, et comment le Monstre se retrouva finalement seul dans son palais, au milieu d'une cité sans âme, souverain d'un empire de néant.

Seul parmi les voûtes et les arcades, seul parmi les multiples tableaux le représentant à l'infini, unique image et motif central de toutes les tapisseries, seul avec boiseries et cristaux où s'incrustait toujours le motif du Dragon, il aimait à se contempler longuement dans les innombrables glaces et miroirs dont il avait pourvu le palais, qui reflétaient de toutes parts la forme exclusive du Monstre.

Il lui devint de plus en plus difficile de se détacher des miroirs.

Sans eux, il croyait disparaître.

Inconscient de leur menace, ignorant de leurs pouvoirs, il alla ainsi au plus grave échec de son abominable existence.

Il ne savait rien de la magie des miroirs.
Il ne savait pas qu'ils sont le seuil de la vraie nuit. »

Il y a chez Sayd Bahodine Majrouh, dans son écriture même, dans la densité fiévreuse de son verbe, une houle qui sans cesse affleure et vient soulever, emporter, exalter le récit. Alors la prose si ample sort soudain de ses rythmes, elle éclate, elle éclabousse, elle ruisselle, se fait torrent, ressac, précipité de son et de sens. Par effraction, par nécessité de rompre, l'histoire, la légende ou la fable se font poème. Non pas poème hautain, hiératique, blasonnant, mais poème de mouvement, de fusion où perdurent des éclats de narration, des éclairs de pensée, des foudroiements, des fureurs : poème pour brûler les étapes et disperser les cendres du cheminement intérieur avant, tout naturellement, d'amorcer un retour à la prose et aux vastes errances du Voyageur.

Alors il sut.
Jamais, du fond des horizons
ne surgirait l'errant prophétique, le voyageur
dont l'index pointerait à l'infini
le but, incandescent,

la voie, transparente,
la lumière, inaccessible.
Il sut alors
le chemin unique,
ce qu'il avait à faire,
ce qui restait :
aller droit dans l'antre même des ténèbres.

Conteur inspiré, Majrouh ne s'en laisse pas conter. Comme Henri Michaux, il sait rudoyer une intrigue, changer les perspectives, les angles d'attaque, prendre à la fois la proie et l'ombre et, même en plein désert, troquer le prêche pour une langue lapidaire. Sans renier ses héritages, il a inventé un genre nouveau : la fable épique.

« L'hymne révolté de Sayd Bahodine Majrouh » fut le titre de l'article que je consacrai, en mai 1991, au second tome d'*Ego-Monstre* : *Le rire des amants*. Avant tout, il importait d'affirmer que Bahodine ne cessait d'être présent, que son œuvre ne cessait d'être efficace et d'agir, y compris très loin de son aire d'origine.

Avec son texte ultime, Majrouh a légué un livre inoubliable, un livre d'universelle résonance et de permanente actualité, un livre limpide tout entier gouverné par l'intelligence du cœur. On devrait en prescrire la lecture dans toutes les églises, mosquées, écoles ou casernes, dans toutes les officines de conditionnement, dans tous les cercles de pouvoir. Ces pages renferment en effet le plus puissant, le plus tonique antidote contre la tyrannie, l'obscurantisme et chacun de leurs subterfuges renaissants. Ici s'accomplit l'implacable décryptage des mécanismes de la terreur, la mise au jour des manipulations, des lâchetés, des reniements.

Il s'agit pourtant d'un récit formé d'une succession de contes, de fables, de séquences versifiées, et non d'un essai didactique. La « pédagogie » ne s'y glisse que par surprise, la morale par effraction, la pensée par révélation soudaine ou éclat de rire. Majrouh a pratiqué Diderot autant que Les Mille et Une Nuits *: il sait philosopher chemin faisant, méditer mine de rien, prophétiser à l'occasion, écouter les enfants et, toujours, aimer l'amour.*

À son sujet, Serge Sautreau parle justement de « modernité soufie », indiquant par là combien Majrouh s'impose, au milieu du sectarisme ambiant, comme un être unique, singulier, téméraire, et combien il semble l'égal de son héros, l'égal du Voyageur de Minuit. *Celui-là, qui dans le livre précédent n'avait cessé d'annoncer l'approche des ténèbres et de l'infamie, se retrouve à partager avec son auteur les expériences de l'exil. Et c'est une quête plus vertigineuse encore qui s'ouvre, une avancée plus risquée, une perdition plus douloureuse. Le Voyageur découvre que l'ombre portée du Monstre — quelle que soit l'identité dont il se pare : Dragon, Grand Conquérant ou Chef illimité — ne se connaît pas de frontières, et que l'oppression, la haine, la bêtise sont pareillement à l'œuvre chez les expatriés, les bannis, les déracinés. Majrouh décrit ainsi l'arrivée des funestes Messagers qui, alliant le sermon au poignard, assurent peu à peu leur emprise sur les camps.*

« Bientôt la longueur du poil fit loi, et quiconque ne s'affublait pas de l'ostensible et sacro-sainte barbe se voyait mis à l'index, mauvais homme et mauvais croyant, indigne de faire partie de l'intransigeante et pure cohorte des Frères Ennemis-de-Satan.

Progressivement, les réfugiés finirent par se laisser subjuguer par le charme vénéneux des prétendus docteurs de la foi. De bonnes paroles en petits cadeaux, la prévarication mentale et matérielle acheva son office, et une majorité d'exilés se laissa contaminer.

Il y eut évidemment une chasse aux mécréants. Ceux qui tenaient à leur liberté intérieure furent dénoncés. Il fallut se taire, ou bien prendre la fuite — ou se résoudre à être enlevé en pleine nuit... Il y eut, évidemment, des disparitions sans cause apparente, et des meurtres sans assassins. »

Si la tragédie afghane sert de trame aux épisodes et aux intrigues du livre, elle n'en constitue pas tout le cadre. Majrouh a le regard aigu, attaché aux détails, aux signes concrets des êtres et des choses, mais il s'invente une visée plus vaste. Il évoque des destinées précises, des conflits repérables, sans jamais pourtant les inscrire nommément, permettant par là leur passage immédiat du côté de l'emblème et du mythe. L'histoire-titre, celle des amants insoucieux et sublimes, se développe dans cet au-delà du temps qui semble d'immémoriale mémoire. La rencontre de Delazad et Gulandam apparaît ainsi comme la plus simple et la plus pure approche du coup de foudre. Tout y est fortuit, tout y est nécessaire, tout y est écrit.

« Nous avancions à la rencontre l'un de l'autre, lentement, depuis toujours. Toute ma vie allait prendre sens, je le savais... et je ne savais rien.

Belle, extrêmement. Avec ses vêtements de vieille émeraude à la couleur délavée par le soleil et la misère, avec ces mèches qui lui voletaient sur le front, avec ce regard immense soudain rivé au mien comme s'il y plongeait depuis l'éternité, elle avivait en moi, très loin, très profond, une source oubliée, une saveur hors mémoire, et je l'ai reconnue, elle, que je ne connaissais pas. »

Cet amour naissant et déjà absolu, cet amour de pleine lumière enchante le Voyageur de Minuit. Il veut croire à cette force sans ombre qui ne se mesure qu'à la joie, à la beauté, à la vie fervente. Il écoute Delazad qui lui révèle le secret des cœurs libres, des cœurs qui, contre tout, contre tous, se donnent la liberté d'aimer et de rire. Le prix d'une telle légèreté, d'une telle insolence, sera terrible : rameutés par les sinistres Frères Ennemis-de-Satan, les réfugiés en viendront à lapider les amants. Et le Voyageur de Minuit, seul à les secourir, clamant son horreur et sa répulsion, connaîtra un nouvel exil parmi les exilés.

Majrouh avait été témoin d'une pareille ignominie, à Peshāwar, et en avait gardé l'irrémédiable blessure. Il compose ici un hymne révolté, un lamento violent qui dénonce et transfigure le meurtre des innocents, et suggère d'où sortiront les agents de sa propre mort. Il ne pouvait d'ailleurs en aller autrement pour celui qui citait en modèle le sage qui avouait : « Au lieu de consolider la foi, j'éveillais à la recherche. Au lieu de fortifier une raison, un principe, je poussais à l'esprit critique, au doute méthodique, à la lucidité. »

Telle est bien la marque de Sayd Bahodine Majrouh : la lucidité intrépide et souriante, accueillante et irréductible, la lucidité qui arrache au Monstre ses masques, mais sans omettre d'explorer par quelle acceptation intime, par quel vertige commun s'affirme, en chacun, le despotisme. Il y a là, mêlés en un seul mouvement, une ambition métaphysique et des élans libertaires, une mystique sauvage et une profonde compassion.

Le suicide et le chant, qui reparaît ici considérablement augmenté, regroupe désormais tous les *landays* recueillis par Bahodine dans les vallées afghanes et dans les camps de réfugiés du Pakistan. Des vers, qui résistaient à la traduction, ont soudain trouvé, après des années, leur phrasé français. Ce petit livre, on le sait, ne fut pas sans danger pour son auteur. Aujourd'hui, les assassins de Bahodine et leurs émules sont à l'œuvre sur toutes les terres d'islam. Puissent ces chants de femmes anonymes témoigner qu'une conscience rebelle, qu'une mémoire enfiévrée, qu'un refus farouche perdurent dans le camp même des bourreaux. Puissent ces cris sonner l'alarme.

A.V.
(juillet 1993)

Introduction	11
I	19
II	29
III	39
QUARANTE LANDAYS	45
IV	59
QUATRE-VINGT-TREIZE LANDAYS D'EXIL	75
Postface. *L'Éclaireur de Minuit* par André Velter	101

DU MÊME AUTEUR

Chez d'autres éditeurs

LE VOYAGEUR DE MINUIT (EGO-MONSTRE I), *traduction de Serge Sautreau*, Phébus, 1989.

CHANTS DE L'ERRANCE, *traduction de Serge Sautreau*, La Différence, 1989.

LE RIRE DES AMANTS (EGO-MONSTRE II), *traduction de Serge Sautreau*, Phébus, 1991.

RIRE AVEC DIEU (aphorismes et contes soufis), *traduction de Serge Sautreau*, Albin Michel, 1994.

Composition Bussière
et impression Bussière Camedan Imprimeries
à Saint-Amand (Cher), le 2 mars 2002.
Dépôt légal : mars 2002.
1ᵉʳ dépôt légal : avril 1994.
Numéro d'imprimeur : 021179/1.

ISBN 2-07-073600-8./Imprimé en France